BEI GRIN MACHT SICH IHR WISSEN BEZAHLT

AF141163

- Wir veröffentlichen Ihre Hausarbeit, Bachelor- und Masterarbeit

- Ihr eigenes eBook und Buch - weltweit in allen wichtigen Shops

- Verdienen Sie an jedem Verkauf

Jetzt bei www.GRIN.com hochladen und kostenlos publizieren

Vorgehensweisen bei dem Mann-Whitney U-Test. Betriebsinterne Kommunikation mit Fragebögen und Online Befragungen

GRIN

Bibliografische Information der Deutschen Nationalbibliothek:

Die Deutsche Nationalbibliothek verzeichnet diese Publikation in der Deutschen Nationalbibliografie; detaillierte bibliografische Daten sind im Internet über http://dnb.d-nb.de abrufbar.

ISBN: 9783346609526
Dieses Buch ist auch als E-Book erhältlich.

Das Buch bei GRIN: https://www.grin.com/document/1183472

Wissenschaftliches Arbeiten-
Vertiefung II

Einsendeaufgabe- *Alternative A*

Studiengang: Psychologie B.Sc.

Abgabedatum: 09.07.2021

Inhaltsverzeichnis

Abkürzungsverzeichnis

Abb.	Abbildung
bzw.	beziehungsweise
ggfls.	gegebenenfalls
S.	Seite
u.	unbekannt
v.a.	vor allem
vgl.	vergleiche
z.B.	zum Beispiel

Abbildungsverzeichnis

1. Aufgabe A1- Interne Kommunikation

1.1 Betrieblicher Kontext

In dem Versicherungsunternehmen „NEC Versicherungen" gab es in letzter Zeit immer wieder dahingehend Komplikationen, dass entsprechende Informationen bei Anliegen von Kunden unvollständig und teilweise fehlerhaft an die jeweiligen Abteilungen und die zuständigen Mitarbeiter weitergeleitet wurden. Infolgedessen verzögerte sich auch die Bearbeitungszeit bei den jeweiligen Anliegen, sodass sich die Beschwerden von Kunden häuften. Manche Kunden haben deswegen sogar die Versicherung gewechselt. Dies bleibt beim Vorstand und Betriebsrat natürlich nicht unbemerkt. Es wurde kontrovers über die Gründe dieser Komplikationen diskutiert. Manche Betriebsratsmitglieder haben mitbekommen, dass einige Mitarbeiter bzw. Sachbearbeiter wegen der immer mangelnderen Kommunikation zwischen und innerhalb der verschiedenen Bereiche des Unternehmens sowie vor allem zum Management genervt sind. Daher liegt der Verdacht nahe, dass die Komplikationen und die daraus resultierenden längeren Bearbeitungszeiten auf die mangelhafte Kommunikation innerhalb des Unternehmens zurückzuführen sind. Um aber tatsächliche Veränderungen hinsichtlich der Infrastruktur vorzunehmen beschließt der Vorstand zunächst, eine Befragung aller Mitarbeiter, also sowohl der Sacharbeiter als auch des Managements, durchzuführen. Dafür wird der zuständige Arbeits- und Organisationspsychologe gebeten, einen Fragebogen hinsichtlich des Konstrukts „Interne Kommunikation" zu erstellen und diesen anschließend auszuwerten und die Ergebnisse darzustellen. Der Vorstand erhofft sich, anhand der Ergebnisse angebrachte Interventionen vornehmen zu können, um dieser negativen Entwicklung des Unternehmens und der daraus resultierenden geringeren Wettbewerbsfähigkeit entgegen zu wirken. Es wird vor der möglichen Intervention bewusst eine Befragung durchgeführt, da die finanziellen Ressourcen des Unternehmens bezüglich Strukturveränderungen begrenzt sind und ein unnötiges Investieren in Maßnahmen, die nicht zum Erfolg führen, vermieden werden soll. Sofern also weitestgehend positive Ergebnisse im Bezug zur internen Kommunikation zu erkennen sind, gilt es weiterhin, die Gründe für die Komplikationen herauszufinden.

1.2 Konstruktion des Fragebogens

Vorab lässt sich vermerken, dass sich der erstellte Fragebogen im Anhang dieses Dokuments befindet.

Formal ist der Fragebogen so konzipiert, dass die entsprechenden Standards und Normen eingehalten wurden. Somit beinhaltet der Fragebogen die vorgesehenen Bestandteile, welche in jedem professionellen Fragebogen zu finden sind. Zunächst beginnt der Fragebogen mit einer kurzen Dankaussage. Anschließend werden Informationen über das Thema und das Ziel der Befragung gegeben. Danach folgen die wichtigsten Informationen zum Fragebogenaufbau sowie Hinweise zur Bearbeitung des Fragebogens. Bevor die Fragen auszufüllen sind erfolgen Informationen hinsichtlich der Datenverwertung sowie Kontaktdaten des Ansprechpartners, falls Rückfragen bestehen sollten. Am Ende des Fragebogens wird sich bei den teilnehmenden Personen nochmals kurz für die Teilnahme und somit die Unterstützung bedankt.

Äußerlich ist der Fragebogen mit abwechselnden Schattierungen belegt. So soll vermieden werden, dass das Design nicht zu monoton wirkt. Dadurch kann einem Motivationsmangel hinsichtlich des Ausfüllens des Fragebogens gegebenenfalls etwas entgegen gewirkt werden. Außerdem wurde für jede entsprechende Kategorie eine Seite angelegt. Dadurch soll eine gewisse Übersichtlichkeit hergestellt werden.

Inhaltlich ist der Fragebogen so konzipiert, dass zu Beginn jeder Kategorie zunächst eine sogenannte Eisbrecherfrage gestellt wird. Diese sind als recht einfache Fragen zu betrachten, die von jedem relativ problemlos zu bearbeiten sind.[1] Hierbei wird nach dem Grad der Zufriedenheit hinsichtlich der jeweiligen Dimension gefragt. Bestenfalls entwickelt sich bei der befragten Person dadurch ein gewisser Eindruck der Wichtigkeit und Wertschätzung der eigenen Wahrnehmung im Kontext des Arbeitslebens. Die Eisbrecherfragen sind der Likert- Skala zugeordnet. Es sind hierbei nur die äußeren „Extreme" verbalisiert. Obgleich die Eisbrecherfragen keinem Indikator zuzuordnen sind, sind sie für die vorliegende Problemstellung und die entsprechende Auswertung durchaus von Bedeutung. Die (anderen) Fragen basieren auf der dimensionalen Analyse des

---

[1] Vgl. Raithel (2008), S.73

Konstrukts „interne Kommunikation" von Klein, Ringlstetter und Oelert aus dem Jahr 2001. Hierbei wurden die drei grundlegenden Dimensionen *(Kommunikation von) Management zu Mitarbeiter, (Kommunikation von) Mitarbeiter und Management* und *Bereichsübergreifende Kommunikation* herausgearbeitet. Bei den ersten beiden Dimensionen steht die vertikale Kommunikation, also die Kommunikation an die Mitarbeiter und von Mitarbeitern, im Mittelpunkt. Diese stehen immer in einem Zusammenhang mit dem Management. In diesem Kontext ist auch die sogenannte Top-Down Orientierung, also dem enormen Einfluss auch im Bezug zu Veränderungsprozessen, vom (Top-)Management zu nennen. Die erste Dimension „Management zu Mitarbeiter" gliedert sich wiederum in die Kategorien „Art der weitergegebenen Informationen", „Weitergabe an alle Mitarbeiter" sowie „Weitergabe an einzelne Mitarbeiter". Hierbei werden die entsprechenden Indikatoren anhand verschiedener (Output-)Medien, wie Protokolle, Intranet, Newsletter oder Rundschreiben gebildet. Die zweite Dimension „Mitarbeiter zu Management" stellt die Rückkopplung in den Vordergrund und gliedert sich in die Kategorien institutionalisierter Austausch und Eigeninitiiertes Feedback. Während der institutionalisierte Austausch fremdinitiiert ist und den Mitarbeitern durch Instrumente wie einer feedback-Schleife oder Umfragen die Möglichkeit zur Rückmeldung gegeben wird, werden bei dem eigeninitiierten Feedback herkömmliche Instrumente wie E-Mails oder das Intranet von Mitarbeitern eigenständig genutzt, um Rückmeldungen an das Management zu geben. Die dritte Dimension stellt im Gegensatz zu den ersten beiden Dimensionen die horizontale Kommunikation, also die Kommunikation zwischen Mitarbeitern, in den Mittelpunkt. Die zugehörigen Kategorien gliedern sich nochmals darin, ob ein unmittelbarer, mittelbarer oder kein Aufgabenbezug hinsichtlich der Kommunikation besteht.[2] Da das Unternehmen „NEC Versicherungen" über diverse Instrumente, wie einem Intranet, einer Datenbank oder einem Newsletter verfügt, kann die herausgearbeitete dimensionale Analyse von Klein, Ringlstetter und Oelert problemlos angewendet werden, sodass eine quantitative sowie qualitative Übereinstimmung des Fragebogens mit dem Untersuchungsziel gegeben ist.

---

[2] Vgl. Brauner, Leitolf, Raiblebesten, Weigert (2001), S. 160-168

Die folgende Darstellung veranschaulicht nochmals die Dimensionen sowie die dazugehörigen Kategorien und Indikatoren des Konstrukts „interne Kommunikation".

Dimensionen	Kategorien	Indikatoren
Management zu Mitarbeiter	Art der weitergegeben Informationen	Offizielle Beschlüsse
		Ergebnisprotokolle
		Mündliche Besprechungen
		Intranet
	Weitergabe an alle Mitarbeiter	Interne Zeitung
		Newsletter
	Weitergabe an einzelne Mitarbeiter	Bilaterale Gespräche
		E-Mail
		Rundschreiben über verschiedene Verteiler
Mitarbeiter zu Management	Institutionalisierter Austausch	Präsenz des Managements bei Veranstaltungen
		Regelmäßige Umfragen
		Feedback- Schleifen
	Eigeninitiiertes Feedback	E-Mail
		Intranet
		klass. betriebliches Vorschlagswesen
Bereichsübergreifende Kommunikation	Mit Aufgabenbezug	Datenbank
		Intranet
		Informationsmanagementsystem
		Meetings
		Besprechungen
	Mit mittelbarem Aufgabenbezug	Kaffee-Ecke
	Ohne Aufgabenbezug	Open-space meetings
		Unternehmensberichte
		Unternehmenszeitschrift

Abb.1: Dimensionale Analyse „interne Kommunikation"

Quelle: Eigene Darstellung in Anlehnung an Brauner, Leitolf, Raiblebesten, Weigert (2001), S. 160-168

Es gilt an dieser Stelle anzumerken, dass in dem angefertigten Fragebogen zu jedem Indikator eine präzise Frage gestellt wird. Die Reihenfolge der Fragen richtet sich nach der Reihenfolge der vorliegenden dimensionalen Analyse (siehe Abb.1). Da die erste Frage eine Eisbrecherfrage darstellt, ist die Synchronität zur dimensionalen Analyse folglich erst ab der zweiten Frage gegeben. Im Bezug zur Form der Fragen lässt sich anmerken, dass sie alle geschlossen sind. Das heißt, dass die Antwortkategorien fest vorgegeben sind. Die Antwortkategorien umfassen fünf mögliche Alternativen, welche abgesehen von den Eisbrecherfragen alle verbalisiert und auf einer Rating- Skala angeordnet sind.[3] Da die Anzahl der Antwortmöglichkeiten ungerade ist, steht der mittlere Wert auch stellvertretend für die Antwort „Weiß nicht", weswegen diese Alternative bewusst ausgelassen wurde. Außerdem kann das Vorhandensein eines mittleren Wertes zu einer höheren Genauigkeit des Ergebnisses führen, da teilnehmende Personen bei Unsicherheit bezüglich der jeweiligen Frage nicht dazu gedrängt werden, sich für eine Richtung zu entscheiden, sowie es bei einer geraden Anzahl an Antwortalternativen und einem damit einhergehenden fehlenden mittleren Wert der Fall ist.[4] Die Skalenwerte bei einer Rating- Skala sind mindestens ordinalskaliert, werden häufig jedoch als intervallskaliert betrachtet.[5] Abgesehen von den Eisbrecherfragen geben alle Fragen Auskunft über die Häufigkeit des jeweiligen Indikators. Dadurch kann das Konstrukt der internen Kommunikation des Unternehmens bestmöglich erfasst werden. Es gilt außerdem anzumerken, dass bewusst auf soziodemografische Informationen sowie weitere Informationen verzichtet wurde, da dies in Anbetracht der vorliegenden Problemstellung ohne Bedeutung ist.

1.3 Vorgehensweise

Im Rahmen der empirischen Untersuchung des Konstrukts „interne Kommunikation" in dem gegebenen betrieblichen Kontext würde es sich nach Erstellen des Fragebogens zunächst anbieten, einen Pretest durchzuführen. Hierbei existieren verschiedene Formen. Es wird sich für den klassischen Pretest entschieden. Dieser wird nun so umgesetzt, dass in der Mensa der NEC Versicherungen ein Aushang mit dem Hinweis zum Vortest ausgehängt wird. Der Vortest soll in einer Mittagspause stattfinden. Es können also Freiwillige in der Mittagspause in den entsprechenden Ort kommen und den Pretest analog absolvieren. Falls weniger als 10 Freiwillige erscheinen macht es wenig Sinn den Test durchzuführen und es wird ein neuer Hinweis ausgehängt und gegebenenfalls auch von dem Betriebsrat mündlich darauf aufmerksam gemacht. Da das Unternehmen über eine große Anzahl an Mitarbeiter verfügt ist

---

[3] Vgl. Bortz, Döring (2007), S.177
[4] Vgl. Reinhardt (2015), S.20
[5] Vgl. Rausch (2008), S.295

es jedoch anzunehmen, dass sich mindestens 10 Freiwillige melden werden. Nach Durchführen des Pretests wird dieser ausgewertet. Dadurch ergeben sich möglicherweise Hinweise über eventuelle Verbesserungen des Fragebogens.[6] Ferner wird auch eine Auskunft über die Dauer der Bearbeitungszeit gegeben. Nachdem nun der Pretest absolviert und Verbesserungen gegebenenfalls vorgenommen wurden, wird der (überarbeitete) Fragebogen aktiv an alle Mitarbeiter des Unternehmens ausgeteilt. Hierbei empfiehlt es sich, an einem Montag den Fragebogen an die Mitarbeiter auszuteilen, da so die Rücklaufquote erhöht wird. Ferner kann an dem Freitag der vorherigen Woche von den Abteilungsleitern darauf aufmerksam gemacht werden, dass am Montag ein Fragebogen ausgeteilt wird, der zeitnah auszufüllen ist. Auch so kann die Rücklaufquote erhöht werden.[7] Es wird sich bewusst gegen eine Online-Befragung entschieden, da sofern der Fragebogen auf dem betriebsinternen Rechner durchgeführt wird und die Mitarbeiter aktiv über ihre Betriebsmail bezüglich der Befragung angeschrieben werden möglicherweise das subjektive Anonymitätsempfinden eingeschränkt wird und folglich die Rücklaufquote eventuell geringer wird. Nachdem der Fragebogen von den Mitarbeitern ausgefüllt und zugesendet wurde folgt nun die Auswertung. Da das Unternehmen über eine große Anzahl an Mitarbeitern (N=1500) verfügt, welche die Grundgesamtheit darstellt, wird sich für eine Zufallsauswahl im Rahmen einer repräsentativen Auswahl entschieden. Hierbei hat jedes Objekt die gleiche Chance ausgewählt zu werden.[8] Es werden 250 Objekte bzw. Fragebögen zur Auswertung herangezogen. Diese Objekte stellen die Teilgesamtheit dar (n=250). Die Entscheidung über mögliche Interventionen hinsichtlich der betriebsinternen Strukturen und der damit einhergehenden internen Kommunikation werden dann anhand der Auswertung und den daraus resultierenden Ergebnissen gebildet. Ferner ist anzumerken, dass eine (visuelle) Darstellung der Ergebnisse für alle Mitarbeiter zugänglich gemacht werden soll.

---

[6] Vgl. Reinhardt (2015), S.23-24
[7] Vgl. Reinhardt (2015), S.11-12
[8] Vgl. Krug, Nourney, Schmidt (2014), S.82

2. Aufgabe A2- Online Befragungen

2.1 Methoden der Stichprobenrekrutierung

Im Folgenden werden zwei grundsätzliche Methoden der Stichprobenrekrutierung von Online-Befragungen gegenübergestellt und zugleich deren Vor- und Nachteile anhand von Beispielszenarien dargestellt.

2.1.1 Passive Auswahl

Bei einer passiven Auswahl werden keine Teilnehmer gezielt ausgewählt bzw. angesprochen. Es werden demnach lediglich allgemeine Hinweise oder allgemeine Aufforderungen bezüglich der Befragung, etwa auf verschiedenen Plattformen im Internet, veröffentlicht. Hierbei kann also jeder an der Befragung teilnehmen, der einer solchen allgemeinen Aufforderung folgt.[9]

Tina möchte im Zuge ihrer Bachelorarbeit ihre Hypothese mithilfe einer Online-Befragung überprüfen. Nachdem sie die für ihre Fragestellung relevanten Aspekte operationalisiert und ein entsprechenden Online- Fragebogen angefertigt hat, schickt sie den dazugehörigen Link in diverse soziale Netzwerke, wie Facebook und WhatsApp. Es kann also jeder an der Befragung teilnehmen, der will.

Mithilfe des Beispielsszenarios lässt sich entnehmen, dass bei der passiven Auswahl keine Kontrolle über die Teilnehmer besteht. In diesem Zusammenhang ist auch der Nachteil der Selbstselektivität nennen. Personen, die auf die allgemeinen Hinweise der Befragung aufmerksam werden entscheiden also selbst, ob sie an der Befragung teilnehmen oder nicht. Oftmals sind es professionelle Befragungsteilnehmer, die regelmäßig an Befragungen teilnehmen. Insgesamt ist die passive Auswahl also nur wenig repräsentativ und die Erkenntnisse aus wissenschaftlicher Sicht nicht sehr aussagekräftig. Allerdings bringt die passive Auswahl auch den Vorteil mit sich, dass sie einen vergleichsweisen geringeren Arbeits- und Zeitaufwand besitzt, da die gewünschten Teilnehmer nicht alle persönlich angeschrieben werden müssen.[10]

---

[9] Vgl. Thielsch, Brandenburg (2012), S.116
[10] Vgl. Reinhardt (2015), S.28

11

2.1.2 Aktive Auswahl

Unter einer aktiven Auswahl ist das aktive Rekrutieren von Teilnehmern durch das für die Untersuchung zuständige Institut zu verstehen. Das bedeutet konkret, dass das Institut selbst bestimmt, wen es hinsichtlich der Teilnahme an der Befragung anspricht. Eine solche aktive Rekrutierung kann auf Grundlage diverser Verfahren, wie z.B. dem Quotenverfahren oder der Zufallsstichprobe stattfinden.[11]

Herr Schuster, welcher als Arbeits- und Organisationspsychologe in einem großen Unternehmen tätig ist, möchte eine Online- Befragung hinsichtlich der Mitarbeiterzufriedenheit in Anbetracht der verschiedenen Bereiche durchführen. Das Unternehmen lässt sich strukturell in fünf Bereiche gliedern: Administration, Management, Logistik, Transport und Sonstiges. Hierbei schreibt er die Mitarbeiter aktiv per E-Mail an und fordert sie für die Teilnahme an der Befragung auf. Die Anzahl der Stichproben richtet sich nach der Größe des jeweiligen Bereichs. Er führt also eine Quotenstichprobe im Rahmen der aktiven Auswahl durch.

Wie sich aus dem Beispielszenario entnehmen lässt, bringt die aktive Auswahl den großen Vorteil mit sich, dass eine Kontrolle über die Teilnehmer der Befragung besteht. Dadurch steigt im Normalfall auch die Repräsentanz der Befragung. In diesem Kontext lässt sich auch anmerken, dass die aktive Auswahl aus wissenschaftlicher Sicht wesentlich zielführender und deren Ergebnisse entsprechend aussagekräftiger sind. Allerdings hat die aktive Auswahl einen vergleichsweise höheren Arbeits- und Zeitaufwand.[12]

In Anbetracht der vorliegenden Aufgabenstellung ist dem Vorstand die aktive Auswahl zu empfehlen. Wie der vorherige Absatz es bereits verdeutlicht hat, bietet die aktive Auswahl, abgesehen von dem höheren Arbeits- und Zeitaufwand, nur Vorteile gegenüber der passiven Auswahl. Der Vorstand kann daher darauf hingewiesen werden, dass er für die Durchführung etwas mehr Zeit und ein größeres Arbeitspensum einplanen sollte, als er das bei der passiven Auswahl machen würde.

---

[11] Vgl. Reinhardt (2015), S.28, Thielsch, Brandenburg (2012), S.116
[12] Vgl. Reinhardt (2015), S.28

2.2 Vor- und Nachteile der Online- Befragung

Zunächst lässt sich feststellen, dass Online- Befragungen den großen Vorteil mit sich bringen, dass sie regional unabhängig sind, weswegen sie vor allem für internationale Befragungen sehr geeignet sind. Außerdem gehen Online- Befragungen auch mit einer Zeitersparnis einher, da eine schnelle Ansprache großer Zielgruppen online möglich ist, was wiederum auch die Zeit für den Versand und Rückversand des Fragebogens erspart. In diesem Kontext ist auch der Vorteil der Kostenersparnis zu nennen, da bei Online- Befragungen weniger Ressourcen, wie z.B. Papier, benötigt werden aber auch diverse andere Kosten, wie z.B. Versandkosten, wegfallen. Ein weiterer großer Vorteil von Online- Befragungen besteht darin, dass die entsprechenden Daten bereits in digitaler Form vorliegen und so kein separates Erfassen der Daten notwendig ist. Dies erleichtert zudem die Transformation der Daten in Statistikprogramme, wie SPSS. Es lässt sich außerdem anmerken, dass multimediale Elemente, wie Bilder oder Videosequenzen, mit in eine Online- Befragung einbezogen werden können.[13] Ferner ließ sich feststellen, dass das subjektive Anonymitätsempfinden bei Online- Befragungen vergleichsweise höher als bei schriftlichen Befragungen ist, was sich wiederum positiv auf die Ehrlichkeit der Antworten und folglich auch auf die Aussagekraft der Ergebnisse auswirken kann.[14]

Als Nachteil von Online- Befragungen lässt sich die vergleichsweise geringere Rücklaufquote nennen. Dies liegt möglicherweise daran, dass unpersonalisierte Mails von potenziellen Befragungsteilnehmern ignoriert oder gelöscht werden. Des Weiteren lässt sich feststellen, dass vorzeitige Abbrüche, multiple Teilnahmen sowie ein sogenanntes „Durchklicken" Nachteile der Online- Befragungen darstellen. Hierbei gilt es allerdings anzumerken, dass sich diese Nachteile mit bestimmten Maßnahmen, wie z.B. einem personalisierten Passwort zur Umfrage sowie eine festgelegte Mindestdauer, eindämmen lassen. Ein weiterer Nachteil besteht darin, dass vor allem ältere Menschen oftmals kein Internetanschluss haben und dementsprechend nicht an Online- Befragungen teilnehmen können. Dieser Aspekt wird auch als „Digital Divide", also digitale Trennung, bezeichnet. In diesem Zusammenhang lässt sich auch der Nachteil

---

[13] Vgl. Wright (2005), S.u.
[14] Vgl. Baumgartlinger (2012), S.69

der mangelnden Repräsentativität nennen. Vor allem bei passiven Stichprobenrekrutierungen ist durch die damit einhergehende Selbstselektivität die Repräsentativität der Befragung sehr eingeschränkt. Auch lässt sich in diesem Kontext erwähnen, dass für die Umsetzung von Online- Befragungen ein gewisses technisches Grundverständnis von Nöten ist. Gegebenenfalls wird hierbei eine entsprechende Einarbeitungszeit benötigt.[15] Es kann durchaus von Vorteil sein, wenn das durchführende Institut zusätzlich zum eigentlichen Fragebogen eine „technische Anleitung" oder technische Grundinformationen schickt.

Die folgende Tabelle stellt nochmals die Vor- und Nachteile der Online-Befragung stichwortartig und übersichtlich dar.

Pro	Kontra
- Kostenersparnis	- Geringere Rücklaufquote
- Zeitersparnis	- Multiple Teilnahmen, Durchklicken, Vorzeitige Abbrüche → ggfls. Verzerrung
- Regionale Unabhängigkeit→ für internationale Befragungen sehr geeignet	- Geringere Repräsentativität → v.a. durch Digital Divide
- Einbindung von multimedialen Elementen	- Technisches Grundwissen wird benötigt
- Automatisierte Datenerfassung → erleichterte Übertragung in Statistikprogramme	
- Höheres subjektives Anonymitätsempfinden	

Abb.2: Vor- und Nachteile der Online Befragung

Quelle: Eigene Darstellung in Anlehnung an Reinhardt (2015), S.33-34; Baumgartlinger (2012),S.69

---

[15] Vgl. Wright (2005), S.u.

3. Aufgabe A3- U- Test

3.1 Einsatzgebiete

Grundsätzlich kommt der U-Test, auch Mann- Whitney U-Test oder Rangplatzsummentest genannt, in der quantitativen Forschung zum Einsatz und ist als Bestandteil der Inferenzstatistik sowie vor allem der Teststatistik zu betrachten. Ziel der Teststatistik ist grundsätzlich, Hypothesen auf ihre Richtigkeit zu überprüfen.[16]

Konkreter lässt sich feststellen, dass der U- Test bei diversen Fragestellungen bzw. Annahmen zum Einsatz kommt, bei denen Unterschiede zwischen genau zwei Gruppen angenommen werden. Das bedeutet, dass die jeweilige Hypothese, also die Alternativhypothese, von einem Unterschied zwischen den Gruppen ausgeht. Mithilfe des U-Tests und dem damit einhergehenden U-Wert sowie dem kritischen Wert soll also herausgefunden werden, ob ein signifikanter Unterschied zwischen den entsprechenden Gruppen vorliegt. Der Prüfwert U gibt hierbei die Anzahl an, wie oft die Rangplätze der Gruppe 1 durch die Rangplätze in der Gruppe 2 überschritten werden.[17] Es gilt zudem anzumerken, dass der U-Test auch bei Ausreißern und relativ kleinen Stichproben zum Einsatz kommen kann.[18] Der U-Test lässt sich sowohl bei einseitigen als auch bei zweiseitigen Hypothesen anwenden und kommt oftmals dann zum Einsatz, wenn die Voraussetzungen für ein parametrisches Verfahren, wie dem t-Test, nicht erfüllt werden.[19] Von Forschenden wird der U-Test oft verwendet, um Unterschiede zwischen Geschlechtern in verschiedensten Kontexten zu übersuchen.

Ferner ist anzumerken, dass ein sogenannter statistischer Entscheidungsbaum dabei hilft, ob der U-Test in Anbetracht der vorliegenden Fragestellung bzw. des vorliegenden Sachverhaltes zum Einsatz kommt oder nicht. Dennoch wird ein gewisses Grundverständnis benötigt, um bei einem solchen Entscheidungsbaum auch tatsächlich den richtigen Zweig und infolgedessen den richtigen Test auszuwählen.

---

[16] Vgl. Schurz (2015), S.112
[17] Vgl. Kuhlmei (2018), S.119
[18] Vgl. Ullmann, Willsdorf (1977), S.180
[19] Vgl. Bühner, Ziegler (2009), S.257

3.2 Statistische Grundlagen

Hinsichtlich der statistischen Grundlagen des U-Tests lässt sich zunächst festhalten, dass das Vorhandensein von zwei unabhängigen Stichproben als notwendige Bedingung für die Durchführung zu betrachten ist. In diesem Zusammenhang ist anzumerken, dass keine gleichen Varianzen der Gruppen vorausgesetzt werden. Ebenso wenig wird eine Normalverteilung der Gruppen vorausgesetzt.[20] Es können aber trotzdem normalverteilte Daten verglichen werden. Der U-Test wird auch als nicht-parametrischer Test bzw. verteilungsfreier Test eingeordnet und stellt sozusagen das nicht-parametrische Äquivalent des t-Tests dar.[21]

Im Bezug zu den Variablenniveaus lässt sich feststellen, dass die abhängige Variable (AV) mindestens ordinalskaliert sein muss. Das heißt sie kann ebenso intervallskaliert oder verhältnisskaliert sein. Die unabhängige Variable (UV) ist nominalskaliert.[22] Im Rahmen der Durchführung wird die zentrale Tendenz von zwei unabhängigen Stichproben verglichen.

Wie im vorherigen Kapitel bereits angedeutet, wird für die Durchführung des U-Tests zunächst eine Alternativ- und Nullhypothese benötigt, wobei die Alternativhypothese immer von einem Unterschied ausgeht. Nachdem die Hypothesen aufgestellt wurden sollte das Signifikanzniveau α festgelegt werden und anhand dessen anschließend der kritische Bereich bestimmt werden. Hierbei können spezielle Tabellen helfen. Die Überprüfung auf Signifikanz ist auch abhängig davon, ob ein einseitiger oder zweiseitiger Hypothesentest durchgeführt werden soll. Im Rahmen eines einseitigen Hypothesentest prüft der U-Test, ob die erste Stichprobe größer bzw. kleiner als die zweite Stichprobe ist, während der zweiseitige Hypothesentest prüft, ob die erste Stichprobe genau so groß wie die zweite Stichprobe ist. Nach der Berechnung des U-Wertes kann dann eine Entscheidung über die Verwerfung von entsprechenden Hypothesen getroffen werden. Die Alternativhypothese kann dann beibehalten werden, wenn der Unterschied signifikant ist, da somit ein Zufall ausgeschlossen wird.[23]

---

[20] Vgl. Budrich, Keller, Schmidt (2018), S.53
[21] Vgl. Champion (1981), S.214
[22] Vgl. Cottrell, McKenzie (2011), S.261
[23] Vgl. Ornau, Budischewski (2016), S.29-30

3.3 Veranschaulichung

Gegeben sei ein Datensatz, der das Interesse für den Naturschutz von 36 Student*innen, davon 19 Student*innen einer Naturwissenschaft (n1) und 17 Student*innen einer Sozialwissenschaft (n2), darstellt. Hierbei wird das Interesse für die Natur mittels eines Items auf einer Rating- Skala wiedergegeben, die ein Spektrum von 0-5 beinhaltet, wobei 0 für „gar kein Interesse" und 5 für „sehr starkes Interesse" steht. In Anbetracht der Aufgabenstellung wird nun die Alternativhypothese aufgestellt, dass sich Student*innen der Natur- und Sozialwissenschaft hinsichtlich der Interesse für den Schutz der Natur unterscheiden. Die Nullhypothese ist folglich, das sich Student*innen der Natur- und Sozialwissenschaft hinsichtlich der Interesse für den Schutz der Natur nicht unterscheiden. Es ist an dieser Stelle anzumerken, dass das vorliegende Beispiel ein fiktives ist und die entsprechenden Daten frei erfunden sind.

Im Folgenden wird nun die analoge Vorgehensweise im Unterkapitel 3.3.1 sowie die digitale Vorgehensweise mittels des Statistikprogramms SPSS im Unterkapitel 3.3.2 veranschaulicht.

3.3.1 Analoge Vorgehensweise

Um den U-Wert (analog) zu ermitteln muss zunächst die Rangplatzsumme von einer der beiden Gruppen ermittelt werden. Dieser Wert wird dann als T1 oder T2, je nachdem von welcher Gruppe die Rangplatzsumme ermittelt wurde, bezeichnet. Um den U- Wert zu erhalten muss die Rangplatzsumme nun zusammen mit der Probandenanzahl bzw. der Population der jeweiligen Gruppen, welche als n1 und n2 bezeichnet werden in die folgende Formel eingesetzt werden: $U = n1 * n2 + n1 * \frac{n1+1}{2} - T1$.[24] Wenn nun die Werte des vorliegenden Datensatz in diese Formel eingesetzt werden erhält man einen U-Wert von 71. Anschließend muss ein zweiter U-Wert mittels folgender Formel gebildet werden: $U' = n1 * n2 - U$.[25] Für U´ erhält man mit den vorliegenden Daten den Wert 252. Um die Signifikanz zu ermitteln muss nun der kleinere U-Wert, also in diesem Fall 71, genommen werden und eine bestimmte Tabelle herangezogen werden. Hierbei existieren verschiedene Tabellen, die die

---

[24] Vgl. Ornau, Budischewski (2016), S.56
[25] Vgl. Ornau, Budischewski (2016), S.56

kritischen Werte für verschiedene Signifikanzniveaus und verschiedene Hypothesenarten, also einseitige bzw. gerichtete und zweiseitige bzw. ungerichtete Hypothesen, darstellen. Bei der vorliegenden Alternativhypothese handelt es sich um eine ungerichtete Hypothese, da sie lediglich einen Unterschied der Gruppen impliziert aber keine explizite Vermutung dahingehend, bei welcher Gruppe das Interesse für die Natur größer bzw. kleiner ist. Der kritische Wert bei einem Signifikanzniveau von 5% beträgt in diesem Fall 99.[26] Sofern der kleinere U-Wert kleiner als der kritische Wert ist, wie es in dem vorliegenden Beispiel der Fall ist, lässt sich davon ausgehen, dass das Ergebnis und somit der Unterschied signifikant ist. Es ist an dieser Stelle zu vermerken, dass bei Stichproben, die größer als 20 sind, d.h. n1>20 und n2>20 ein sogenannter z-Wert berechnet werden muss, mit dessen Hilfe dann anhand einer bestimmten Tabelle die Signifikanz ermittelt werden kann. Mit Hilfe eines solchen z-Wertes würde sich zudem auch die Effektstärke berechnen lassen.[27]

3.3.2 Digitale Vorgehensweise in SPSS

Um die Gruppen digital und nicht analog zu vergleichen, müssen die Daten zunächst in entsprechende Statistikprogramme, wie SPSS, übertragen werden. Um eine bessere Vorstellung über den vorliegenden Datensatz zu haben folgt nun ein Screenshot der Variablenansicht aus SPSS.

Abb.3: Variablenansicht des Datensatzes „Naturschutz"

Quelle: SPSS- eigener Datensatz

Um nun die Gruppen auf SPSS zu vergleichen muss zunächst der Menüpunkt „Analysieren" ausgewählt werden. Anschließend muss der Punkt „nicht-parametrische Tests" und daraufhin der Punkt „klassische Dialogfelder" ausgewählt werden. Da für die ordnungsgemäße Durchführung des U-Tests immer zwei unabhängige Stichproben vorliegen bzw. benötigt werden ist dies auch im nächsten Schritt so anzugeben. Es erscheint nun das Fenster „Tests bei zwei unabhängigen Stichproben". Hier kann nun zwischen den Tests *Mann-*

---

[26] Vgl. Heller, Lindenberg, Nuske, Schriever (2013), S.353
[27] Vgl. Bühner, Ziegler (2009), S.266

Whitney U-Test, Extremreaktionen nach Moses, Kolmogorov- Smirnov-Z und *Wald-Wolfowitz Sequenzen* ausgewählt werden. Es ist anzumerken, dass die Spalte „Gruppierungsvariable" für die unabhängige Variable, also in diesem Fall der Studiengang, und die Spalte „Testvariable" für die abhängigen Variablen, also in diesem Fall das entsprechende Item Naturschutz, gedacht sind. Um den U-Test auch tatsächlich durchzuführen, müssen nun die Gruppen definiert werden, d.h. sie müssen numerisch festgelegt werden. Es öffnet sich nun ein Fenster mit zwei wichtigen Elementen.

Der folgende Screenshot zeigt das erste Element „Ränge".

Ränge

	Welchen Studiengang studieren Sie?	N	Mittlerer Rang	Rangsumme
Wie schätzen Sie Ihr Interesse für den Schutz der Natur ein?	Naturwissenschaft	19	23,26	442,00
	Sozialwissenschaft	17	13,18	224,00
	Gesamt	36		

Abb.4: Ausgabefenster „Ränge" U-Test

Quelle: SPSS- eigener Datensatz

Unter der Spalte „Mittlerer Rang" sind die zentralen Tendenzen der jeweiligen Gruppen dargestellt. Hier lässt sich schon erkennen, dass sich diese unterscheiden.

Für die tatsächliche Entscheidung über das Verwerfen oder Beibehalten der Nullhypothese ist das zweite Element „Teststatistiken" relevant, welches in folgender Abbildung zu sehen ist.

Teststatistiken[a]

	Wie schätzen Sie Ihr Interesse für den Schutz der Natur ein?
Mann-Whitney-U-Test	71,000
Wilcoxon-W	224,000
Z	-3,010
Asymp. Sig. (2-seitig)	,003
Exakte Sig. [2*(1-seitige Sig.)]	,003[b]

a. Gruppenvariable: Welchen Studiengang studieren Sie?

b. Nicht für Bindungen korrigiert.

Abb.5: Ausgabefenster „Teststatistiken" U-Test

Quelle: SPSS- eigener Datensatz

Relevant in diesem Element ist vor allem die letzte Zeile „Exakte Signifikanz" von Bedeutung. Bei einem Signifikanzniveau von 5% bzw. 0.05 kann im vorliegenden Beispiel die Nullhypothese verworfen und die Alternativhypothese angenommen werden, da $0.003 < 0.05$ ist. Es besteht also tatsächlich ein signifikanter Unterschied zwischen beiden Gruppen. Sofern die Stichproben von hoher Anzahl wären ist auf die Zeile „Asymptotische Signifikanz" zu achten.[28]

3.4 Fazit

Im Bezug zu den Ergebnissen der Veranschaulichung bzw. des Datensatzes lässt sich resümierend feststellen, dass sich das Interesse für den Naturschutz zwischen den beiden Gruppen signifikant unterscheidet. Das heißt konkret, dass sich Studenten bzw. Studentinnen der Sozialwissenschaft und Studenten bzw. Studentinnen der Naturwissenschaft hinsichtlich der Interesse für den Naturschutz signifikant unterscheiden. Da die Alternativhypothese ungerichtet war lässt sich keine Aussage dahingehend machen, welche Student*innen welcher Wissenschaft ein signifikant größeres Interesse für den Naturschutz aufweisen. Die mittleren Ränge bzw. zentralen Tendenzen sowie die Rangsummen, welche in Abbildung 4 zu sehen sind, lassen jedoch erkennen, dass Naturwissenschaftler*innen offensichtlich ein etwas größeres Interesse für den Schutz der Natur aufweisen.

Im Bezug zu den Einsatzgebieten des U-Tests lässt sich das Fazit ziehen, dass der U-Test aufgrund der geringen Ansprüche und der wenigen Voraussetzungen eine geeignete und unprätentiöse Alternative zum t-Test darstellt. Der U-Tests kann bei allen Fragestellungen zum Einsatz kommen, bei denen ein Unterschied zwischen genau zwei Gruppen angenommen wird und bei der die abhängige Variable mindestens ordinalskaliert ist. Anders als andere Teststatistiken kann der U-Test auch bei kleineren Stichproben und Ausreißern zum Einsatz kommen. Der Einsatz und die damit einhergehende Durchführung des U-Tests wird durch Programme wie SPSS enorm erleichtert.

---

[28] Vgl. Martens (2014), S.153

Anhang

- **Fragebogen zur Aufgabe A1**

Sehr geehrte Damen und Herren,

zunächst vielen Dank für Ihre Bereitschaft, an dieser Befragung teilzunehmen. Vor den eigentlichen Fragen erhalten Sie zunächst einige Hintergrundinformationen.

Thema

Interne Kommunikation der NEC Versicherungen

Ziel

Eventuelle strukturelle Änderungen unseres Unternehmens

Fragebogenaufbau und Hinweise zum Ausfüllen des Fragebogens

Der Fragebogen besteht aus drei Dimensionen, die wiederum aus zwei bis drei Kategorien bestehen. Insgesamt sind es 27 Fragen, welche auszufüllen sind. Die Bearbeitungszeit beträgt maximal 15 Minuten. Setzen Sie bitte in dem Kästchen der zutreffenden Antwort ein Kreuzchen. Bitte senden Sie mir den ausgefüllten Fragebogen bis zum 30.07.2021 zurück. Hierbei können Sie gerne das Dokument einscannen und per Mail an ▮▮▮▮▮▮▮▮▮▮▮▮▮▮ ▮▮▮▮▮▮▮ versenden oder den beiliegenden Umschlag zur postalischen Versendung benutzen.

Datenverwertung

Ihre Daten werden streng vertraulich bearbeitet und es findet eine anonymisierte Auswertung statt. Die Ergebnisse sind für alle Teilnehmer*innen einsehbar.

Ansprechpartner

Bei Rückfragen kontaktieren Sie bitte:

▮▮▮▮▮▮▮▮

▮▮▮▮▮▮▮▮▮▮▮▮

1. Kommunikation von Management zu Mitarbeiter				
1. Mit der Kommunikation von Management zu Mitarbeiter bin ich zufrieden	1	2	3	4	5
	Stimme überhaupt nicht zu				Stimme voll und ganz zu
2. Wie oft informieren Sie sich über offizielle Beschlüsse des Managements?	1	2	3	4	5
	Nie	Selten	Manchmal	Oft	Immer
3. Wie oft informieren Sie sich über Ergebnisprotokolle des Managements?	1	2	3	4	5
	Nie	Selten	Manchmal	Oft	Immer
4. Wie oft holen Sie sich Informationen mittels mündlichen Besprechungen des Managements?	1	2	3	4	5
	Nie	Selten	Manchmal	Oft	Immer
5. Wie oft informieren Sie sich über das Intranet?	1	2	3	4	5
	Nie	Selten	Manchmal	Oft	Immer
6. Wie oft lesen Sie die interne Zeitung?	1	2	3	4	5
	Nie	Selten	Manchmal	Oft	Immer
7. Wie oft lesen Sie den Newsletter?	1	2	3	4	5
	Nie	Selten	Manchmal	Oft	Immer
8. Wie oft führen Sie bilaterale Gespräche mit dem Management?	1	2	3	4	5
	Nie	Selten	Manchmal	Oft	Immer
9. Wie oft erhalten Sie Informationen per Mail vom Management?	1	2	3	4	5
	Nie	Selten	Manchmal	Oft	Immer
10. Wie oft erhalten Sie Rundschreiben über spezifische Verteiler?	1	2	3	4	5
	Nie	Selten	Manchmal	Oft	Immer

2. Kommunikation von Mitarbeiter zu Management				
1. Mit der Kommunikation von Mitarbeiter zu Management bin ich zufrieden	1	2	3	4	5
	Stimme überhaupt nicht zu				Stimme voll und ganz zu
2. Wie oft ist das Management bei Veranstaltungen präsent?	1	2	3	4	5
	Nie	Selten	Manchmal	Oft	Immer
3. Wie oft nehmen Sie an Umfragen teil?	1	2	3	4	5
	Nie	Selten	Manchmal	Oft	Immer
4. Wie oft geben Sie Rückmeldungen an das Management per feedback-Schleifen?	1	2	3	4	5
	Nie	Selten	Manchmal	Oft	Immer
5. Wie oft schreiben Sie Mails an das Management?	1	2	3	4	5
	Nie	Selten	Manchmal	Oft	Immer
6. Wie oft nutzen Sie das Intranet bei Anliegen an das Management?	1	2	3	4	5
	Nie	Selten	Manchmal	Oft	Immer
7. Wie oft nutzen Sie das betriebliche Vorschlagwesen?	1	2	3	4	5
	Nie	Selten	Manchmal	Oft	Immer

3. Bereichsübergreifende Kommunikation				
1. Mit der Kommunikationen zwischen den verschiedenen Bereichen bin ich zufrieden	1	2	3	4	5
	Stimme überhaupt nicht zu			Stimme voll und ganz zu
2. Wie oft nutzen Sie das Intranet, um Aufgaben zu erfüllen?	1	2	3	4	5
	Nie	Selten	Manchmal	Oft	Immer
3. Wie oft nutzen Sie das Informationsanagementsyst em, um Aufgaben zu erfüllen?	1	2	3	4	5
	Nie	Selten	Manchmal	Oft	Immer
4. Wie oft sind Sie in Meetings mit Personen aus anderen Abteilungen, um Aufgaben zu erfüllen bzw. Probleme zu lösen?	1	2	3	4	5
	Nie	Selten	Manchmal	Oft	Immer
5. Wie oft sind Sie in Besprechungen mit Personen aus anderen Abteilungen, um Aufgaben zu erfüllen?	1	2	3	4	5
	Nie	Selten	Manchmal	Oft	Immer
6. Wie oft tauschen Sie sich über verschiedenste Dinge (auch privates) mit diversen Arbeitern des Unternehmens in der Kaffee- Ecke aus?	1	2	3	4	5
	Nie	Selten	Manchmal	Oft	Immer
7. Wie oft sind Sie in open-space meetings?	1	2	3	4	5
	Nie	Selten	Manchmal	Oft	Immer
8. Wie oft lesen Sie Unternehmensberichte?	1	2	3	4	5
	Nie	Selten	Manchmal	Oft	Immer
9. Wie oft lesen Sie die Unternehmenszeitschrift?	1	2	3	4	5
	Nie	Selten	Manchmal	Oft	Immer
10. Wie oft nutzen Sie die Datenbank, um Aufgaben zu erfüllen?	1	2	3	4	5
	Nie	Selten	Manchmal	Oft	Immer

Vielen Dank für Ihre Unterstützung!

Literaturverzeichnis

Baumgartlinger, H. (2012). Spielmotive und Spielertypen abseits des Mainstreams. Wiesbaden: VS Verlag

Barmeyer, C. (2012). Taschenbuch Interkulturalität. UTB GmbH

Bort, J., Döring, N. (2007). Forschungsmethoden und Evaluation für Human- und Sozialwissenschaftler. Heidelberg: Springer

Budrich, B., Keller, D., Schmidt, L. (2018). Wie schreibe ich eine Doktorarbeit? Heidelberg: Springer

Bühner, M., Ziegler, M. (2009). Statistik für Psychologen und Sozialwissenschaftler. München: Pearson

Champion, D. (1981). Basic Statistics for social Reasearch. New York: Macmillan

Cottrell, R., McKenzie, J. (2011). Health Promotion & Education Research Methods. Burlington: Jones & Bartlett Learning

Heller, W-D., Lindenberg, H., Nuske, M., Schriever, K-H. (2013). Schließende Statistik- Schätzen und Testen. Basel: Birkhäuser Basel

Kuhlmei, E. (2018). Lerne mit Statistik. Heidelberg: Springer

Klein, J., Ringlstetter & M., Oelert, J. (2001): Interne Kommunikation. In: D. J. Brauner, J. Leitolf, R. Raible & Besten, & M. M. Weigert, (Hrsg.), Lexikon für Presse- und Öffentlichkeitsarbeit: München

Krug, W., Nourney, M., Schmidt, J. (2014). Wirtschafts- und Sozialstatistik. Berlin: De Gruyter

Martens, J. (2014). Statistische Datenanalyse mit SPSS für Windows. Bonn: De Gruyter

Ornau, F., Budischewski, K. (2016). Studienbrief Statistik. Riedlingen: SRH Fernhochschule

Online Survey Research, Online Questionnaire Authoring Software Packages, and Web Survey Services, Journal of Computer-Mediated Communication, 10. Jg., Nr. 3.

Raithel, J. (2008). Quantitative Forschung. Wiesbaden: VS Verlag

Rausch, A. (2008). Controlling von innerbetrieblichen Kommunikationsprozessen. Wiesbaden: Gabler

Reinhardt, R. (2015). Studienbrief Fragebogentechnik. Riedlingen: SRH Fernhochschule

Schurz, G. (2015). Wahrscheinlichkeiten. Berlin: De Gruyter

Thielsch, M., Brandenburg, T. (2012). Praxis der Wirtschaftspsychologie: Themen und Fallbeispiele für Studium und Anwendung. Münster: Monsenstein und Vannerdat

Ullmann, A., Wilsdorf, S. (1977). Bewertung und Vergleich- methodologische Probleme in der sozialwissenschaftlichen Forschung. Bonn: Dietz

Wright, K. B. (2005), Researching Internet-Based Populations: Advantages and Disadvantages of